Jacob Christian von Schäffer

Ministerium zu Regensburg Conseniors und des Consistor.

Assessors,

Gr. Königl. Maj. zu Dännemark Raths und Professors u.s.w.

Jacob Christian von Schäffer

Ministerium zu Regensburg Conseniors und des Consistor. Assessors,
Gr. Königl. Maj. zu Dännemark Raths und Professors u.s.w.

ISBN/EAN: 9783743451056

Hergestellt in Europa, USA, Kanada, Australien, Japan

Cover: Foto ©ninafisch / pixelio.de

Manufactured and distributed by brebook publishing software (www.brebook.com)

Jacob Christian von Schäffer

Ministerium zu Regensburg Conseniors und des Consistor.

Assessors,

Dem
Hochgebohrnen Grafen und Herrn
HERRN
Franz Kinsky
des Maltheser Ordens Rittern, K. K. Kammerherrn
und Generalfeldwachtmeistern;
⁊c. ⁊c.

Wie auch
dem Hochwohlgebohrnen Herrn
HERRN
Ignatz Edlen von Born
Herrn auf Altsedlitz, Inchau ⁊c. ⁊c.
K. K. Bergrath und verschiedener Academien und
Gesellschaften der Wissenschaften Mitgliede.

Seinen verehrungswürdigsten Gönnern!

Wiedmet

diese Blätter

zu einem öffentlichen Zeugniſſe

ſeiner Ehrerbietung und Hochachtung

Regensburg,
den 19. Jun.
1776.

der Verfaſſer.

Erster Abschnitt.
Beschreibung des Electricitättträgers und und der Geräthe, deren ich mich bey meinen Versuchen bedienet habe.

Ob es mir gleich in gegenwärtigen Blättern eigentlich und vornämlich darum zu thun ist, Naturkündigern und Freunden der Electricität diejenigen Versuche, deren ich im dritten Abschnitte gedenken werde, wegen ihrer sonderbaren und außerordentlichen Erfolge, zu näherer Prüfung und Beurtheilung bekannt zu machen; so

glaube

Was nun zuerst den Electricitätträger anlanget, so will ich solchen nach dem Meinigen also beschreiben und durch die Abbildungen der ersten Kupfertafel deutlich zu machen suchen, damit ein Jeder sich denselben ohne große Mühe und Kosten selbst verfertigen könne.

Es bestehet derselbe aus zwo besondern Scheiben oder Tellern. (Tab. I. Fig. I.)

Die eine Scheibe (Fig. I. II. a. a.), und welche die untere Scheibe heißen soll, ist von Zinn, mit einem ohngefähr 1 oder 1½ Linie hohen Rande, hat 9 Zoll im Durchschnitte, und ist mit gemeinem Peche ausgegossen und überzogen.

Die andere Scheibe (Tab. I. Fig. I. II. b.), und welche ich die obere Scheibe nennen will, ist ein aus Pappendeckel gemachter Ring, welcher 1 Zoll 3 Linien hoch ist, im Durchschnitte aber 10 Zoll hat, und folglich um 1 Zoll kleiner ist, als die obere Scheibe. Dieser Ring ist unten und oben mit gemeiner Leinwand überzogen, Ring und Leinwand aber zuletzt mit Stanniol also überkleidet, daß es scheinet, die ganze obere Scheibe bestehe blos aus demselben. Und endlich sind durch die obere Fläche, nahe an dem obern Rande des Ringes, vier Löcher durchgestochen (Tab. Fig. I. c.) und durch diese vier Schnüre von blauer Seide also gezogen (Tab. Fig. I. d.) und oben zusammengeknüpfet, daß vermöge dieses Knopfes (Tab. I. Fig. I. e.) die obere Scheibe von der untern auf und in die Höhe gehoben oder weggetragen werden kann. (Tab. I. Fig. II.)

Ich wende mich von dieser allgemeinen Beschreibung des Electricitätträgers sogleich zur Anzeige und Beschreibung derjenigen Geräthe, die ich mir zu meinen Versuchen habe machen lassen, und zu sicherer Nachmachung dieser Versuche nothwendig sind. Es sind jedoch der

derſelben nicht mehr, als drey Geſtelle, nämlich zwey Nebengeſtelle und ein Hauptgeſtelle.

Das eine Nebengeſtelle iſt einem Gueridon ähnlich (Tab. I. Fig.
III. a.), welcher oben, ſtatt der ſonſt gewöhnlichen Platte, eine beweg-
liche Brücke hat (Tab. I. Fig. III. b.).

Das zweyte Nebengeſtelle iſt ein hölzerner Ring (Tab. I.
Fig. IV. a. a.), welcher unten auf 3 Füßen ſtehet (Tab. I. Fig. IV. b.), oben
aber mit 8 kleinen Aufſätzen, an welche blauſeidene Schnüre befe-
ſtiget ſind (Tab. I. Fig. IV. c.), verſehen iſt. Ich will dieſes Geſtelle
den Unterſatz nennen.

Das Hauptgeſtelle beſtehet aus einem viereckigten Boden (Tab.
II. Fig. I. a.), in welchem ein Paar Säulen (b), mit einem obern (c) und
mittlern (d) Queerſtücke, eingeſtemmet ſind. An dem mittlern Queerſtücke hängen 3 Glocken. An das obere Queerſtücke aber iſt eine
runde Scheibe, mit 8 Armen (e), wie Speichen eines Rades, veſt an-
geſchraubet. Dieſe Arme ſind wieder mit Queerhölzern verbunden (f)
und jeder hat vorn einen Ausſchnitt, in welchem das Aeußere eines
Fingers bequem liegen kann, und eine Glocke oder Kugel an einer
blauſeidenen Schnur aufgehänget iſt (Tab. II. Fig. I. 1 – 10). Und endlich iſt in zwey Ecken des Bodens ein Arm angebracht (h), in deſſen
vordern Einſchnitte (Tab. II. Fig. II. b.) eine blauſeidene Schnur
(Tab. I. Fig. I. i. II. c.), an welcher unten eine Glocke (Tab. II. Fig.
I. k.) hänget, eingeklemmet iſt, oben aber einen ſtarken Knopf hat
(Tab. II. Fig. II. d.).

Zwey-

Zweyter Abschnitt.
Einige schon bekannte Versuche.

Da, wie ich im vorigen Abschnitte erinnert habe, nur diejenigen Versuche in Ansehung des Electricitättträgers mir dermalen bekannt sind, welche in den zweyen, eben daselbst gedachten, Schreiben vorkommen; so will ich solche gegenwärtig denen zum Besten anführen, die davon noch keine Kenntnis und Wissenschaft haben.

Einige dieser Versuche betreffen den Electricitätträger selbst; andere die Magnetnadel. Jene will ich in drey, und diese in einen einzigen Versuch, zusammenziehen.

Erster Versuch.
Zubereitung.

Man reibe das Pech der untern Scheibe mit einem wollenen Lappen, setze die obere Scheibe auf das Pech, berühre den Ring, oder sonst einen Theil, der obern Scheibe mit der Hand oder mit einem Finger, ja blos mit der äußersten Spitze des Fingers, ziehe die Hand oder Finger zurück, ergreife den Knopf der seidenen Schnure, und ziehe vermöge derselben die obere Scheibe von der untern auf und in die Höhe, oder trage dieselbe auf die Seite. Tab. I, Fig. I, II.

Erfolg.

So bald man sich dieser auf und in die Höhe gehobenen, oder weggetragenen, obern Scheibe mit einem Finger nähert, so bald wird man zwischen dem Finger und der Scheibe einen Funken gewahr, und den

man

man selbst an seinem Prasseln und Knickern hören kann. Man nennet diesen Erfolg des sichtbargewordenen und prasselnden Funkens das Entladen (Tab. I. Fig. II c.).

Zweyter Versuch.
Zubereitung.

Setzet die obere Scheibe, nachdem sie erstgedachtermaßen durch den Funken sich entladen hat, wieder auf das Pech der untern Scheibe, berühret wie das erstemal die aufgesetzte obere Scheibe mit der Hand oder Finger, ziehet sie an dem Knopfe der seidenen Schnüre, wie vorher, auf und in die Höhe, oder traget sie irgend an einen euch gefälligen Ort.

Erfolg.

Es wird, wie beym ersten Versuche, durch Annäherung der Hand oder eines Fingers gegen die obere Scheibe, ein Funken mit einem Knickern oder Prasseln sichtbar werden.

Anmerkung.

Und dies Nämliche wird nun fort und fort erfolgen, ohne daß jemalen das Pech aufs neue darf gerieben werden, solltet ihr auch einige hundertmal solches wiederholen, oder die obere Scheibe eine ganze Nacht, ja 24 Stunden über die untere einmal geriebene Scheibe stehen lassen. Allezeit, und auch nach einem so langen erst genannten Zeitverlaufe, wird die berührte aufgehobene obere Scheibe, bey Annäherung des Fingers, einen prasselnden Funken von sich geben. Und durch diesen angezeigten Erfolg eines Funkens, auf das blos einmalige Reiben des Peches, unterscheidet sich dieser Electricitätträger nicht nur von andern bisher bekannten electrischen Maschinen, sondern er hat ihm auch den Namen des beständigen Electricitätträgers zu Wege gebracht.

Dritter Versuch.
Zubereitung.

Man lege die untere Scheibe auf die seidenen Schnüre des Untersatzes, reibe das Pech, und setze die obere Scheibe darauf. Wenn man nun sowohl die obere Scheibe, als den Rand der untern Scheibe, mit der Hand berühret hat, so ergreife man den Knopf der seidenen Schnüre, hebe die obere Scheibe von der untern ab und bringe sie auf die seidenen Schnüre eines zweyten Untersatzes, welcher in einiger Entfernung, dem erstern Untersatze gerade gegenüber, oder neben ihm, stehet. Machet hierauf eine kleine Kugel von Pantoffelholz oder Gork, ziehet vermittelst einer Nehnadel einen blauseidenen Faden durch sie, so, daß sie an dem unten gemachten Knopfe des Fadens zu ruhen kommt, und haltet die an dem Faden hangende kleine Kugel zwischen die untere Scheibe des einen, und zwischen die obere Scheibe des andern, Untersatzes in die Mitten.

Erfolg.

Es wird die kleine Kugel anfangen sich wechselsweise nach der untern und obern Scheibe zu bewegen.

Anmerkung.

So ist dieser Versuch und Erfolg in dem mehrgedachten Schreiben des Abts angegeben. Ich muß aber gestehen daß ich sehr zweifele, ob diese Bewegung der gorkenen Kugel zugleich von der obern Scheibe, und nicht vielmehr ganz allein von der untern Scheibe, herkommt. Wenigstens hat mir dieser Versuch selten, und wenn es auch geschehen, sehr schwach, gelingen wollen. Und ich werde, unter meinen Versuchen des folgenden Abschnittes, einen vorbringen, der offenbar erweiset, daß die Hin- und Herbewegung einer solchen gorkenen, ja einer marmornen oder hölzernen Kugel, und so gar einer meßingenen Glocke, auch alsdenn erfolget, wenn solche dem auf den seidenen Schnüren des Untersatzes ruhenden, und durch Anrührung der beyden Scheiben electrischgemachten, Electricitätträger in einiger Entfernung entgegen gehalten wird.

Vierter Versuch.
Zubereitung.

Richtet in der Mitte einer Tafel eines Tisches einen dünnen metallenen Stift auf, der eine zwey oder drey Zoll lange Magnetnadel träget. Diese Nadel kann magnetisch oder nicht magnetisch, von Meßing, von Holz, Papier oder anderer Materie seyn. Nehmet hierauf zween hölzerne Teller. Den einen befestiget an der untern Fläche der Tischtafel durch Harz, wodurch er zugleich isolirt ist, und aus dessen Mitte der die Nadel tragende Stift über der Tischtafel hervorstehet. Den andern Teller, dessen obere Fläche mit dünngeschlagenem Metallblatt belegt und mit Harz überzogen, alsdann durchs Reiben oder andere Art electrisch gemacht worden ist, leget an der untern Fläche des obern isolirten Tellers genau an.

Erfolg.

Die auf dem Stift ruhende Magnetnadel wird sich nicht nur nach dem Menschen, sondern nach Papier, Leder, Brod, Stein, Wasser, und nach was man will, ganz deutlich und schnell, nicht anders, als ob ihr Eisen vorgehalten würde, hinwenden, und nach Belieben solchen Dingen hin und her, auch rings herum folgen, und sich ganz nach dem Willen des Versuchenden lenken und ihm gehorsam seyn.

Anmerkung.

Ich habe diesen Versuch mit seinem Erfolge vom Hrn. R. und Prof. Klingsch entlehnet, oder ihn vielmehr von Wort zu Wort abgegeschrieben. Doch werde ich in dem eben folgenden Abschnitte auch meine eigene Versuche mit der Magnetnadel anzuzeigen nicht ermangeln; die nicht weniger auffallend und sonderbar genug sind.

Dritter Abschnitt.
Neue Versuche und deren Erfolge.

Ich komme nun auf meine Versuche, um deren Bekanntmachung mir es, gleich anfangs angezeigtermaßen, vornämlich zu thun ist. Ich nenne sie neu, und eigne sie mir zu, weil ich wenigstens von derselben noch nirgends etwas gelesen oder gehöret habe.

Ich werde diese Versuche, und was auf dieselbe erfolget, bloß erzählen, ohne mich im mindesten darüber ein und herauszulassen, was der Grund und Ursache derselben seyn mag. Das werden einsichtsvollere Männer, als ich bin, alsdenn schon zu untersuchen und zu bestimmen wissen, wenn sie nur erst, bey der Nachmachung derselben, von der Wahrheit und Wirklichkeit derselben, sich werden überzeuget haben. Und ich muß dieses um so mehr erst abwarten, weil es doch ein möglicher Fall ist, daß, bey aller gebrauchten Vorsicht und angewandten Mühe und Aufmerksamkeit nicht getäuschet zu werden, ich wider allen meinen Willen mich könnte verfehlet haben. Und wer mir dieses Letztere überzeugend wird darthun können, der wird von mir eben den Dank verdienen, als wenn er meinen Versuchen aus eigener Erfahrung beyzupflichten sich werde haben genöthiget gesehen. Denn es ist mir nicht um Erdichtungen, sondern um die Wahrheit des Gefundenen, zu thun.

Der im vorigen Abschnitte gemeldete dritte Versuch mit dem goldenen Kügelgen, brachte mich auf den Gedanken, ob nicht vielleicht durch

durch diesen Electricitätträger auch ein solches Läuten kleiner Glocken könne zu Wege gebracht werden, als durch die gewöhnliche Electricität bewirket wird.

Ich verfertigte also ein Paar solche Arme, als bey dem oben beschriebenen Hauptgestelle (Tab. II. Fig. I. h. II. a. b.) angezeiget worden sind. Ich befestigte jeden auf einer eichenen Platte, und brachte in dem Einschnitte desselben eine blauseidene Schnur, an welcher sich unten eine meßingene Glocke befand. Ich stellte diese beyden Gestelle mit ihren Glocken gegeneinander, und brachte zwischen dieselben eine dritte Glocke, so ebenfalls an einer blauseidenen Schnur hieng, und die ich oben zwischen dem Daumen und Zeigefinger fest hielte. Der Erfolg entsprach meinem Wunsche und Vermuthung vollkommen. Die mittlere Glocke bewegte sich wechselsweise gegen die Nebenglocken, diese Bewegung wurde nach und nach immer stärker, und die Mittelglocke erreichte endlich die Nebenglocken also, daß dadurch ein ordentliches und angenehmes Geläute entstund.

Ein andermal, ich weis nicht aus was vor Absicht, hielt ich die an der blauseidenen Schnur hangende Glocke, gerade über den Mittelpunkt des electrischgemachten Electricitätträgers; und ich nahm wahr, daß die Glocke unausgesetzt, und ohne die Richtung zu ändern, von Süden gegen Norden, oder umgekehrt, sich bewegte. Ist dieses ein Ohngefähr, dachte ich, oder etwas Bestimmtes? Ich brachte die Glocke vor den Electricitätträger. Und wie auffallend war es mir, da ich sahe, daß itzo die Glocke sich gegen den Electricitätträger, und zwar in gerader Linie dem Mittelpunkte zu, bewegte. Ich veränderte die Stellung um den ganzen Electricitätträger, und ich mogte stehen, wo ich wollte, so gieng allezeit die Bewegung der Glocke in gerader Linie dem Mittelpunkte zu. Ich brachte die Glocke wieder über den Mittelpunkt, und nun nahm sie ihre Bewegung wieder,

der, wie zuvor, durch den Mittelpunkt von Süden gegen Norden, oder umgekehrt. Ich wiederholte beyde Haltungen der Glocke über den Mittelpunkt, und den Electricitätträger gegenüber, mehrere Tage hintereinander und zu verschiedenen Zeiten; und immer war der Erfolg bestimmt, einerley und eben derselbe. Doch ich glaubte, nach allen solchen Erscheinungen, mir gleichwohl selbst nicht. Ich rufte mehrere gelehrte und gute Freunde herbey, um eines theils Augenzeugen zu haben, andern theils zu sehen, ob auch bey Andern das Nämliche, wie bey mir, erfolgen werde. Denn, die Warheit zu sagen, ich machte mir selbst, nach den bisher bekannten Erfahrungen der gewöhnlichen Electricität, die stärksten Einwürfe. Und es bekam wirklich das Ansehen, daß ich sehr weislich gethan hatte, mir selbst und allein nicht geglaubet noch getrauet zu haben. Alle meine Versuche schienen itzo einen gewaltigen Stoß zu erhalten. Unter einer Anzahl von 10 Personen fanden sich kaum 3, bey welchen alles eben so erfolgte, als bey mir. Bey vieren kam die regelmäßige Bewegung sehr langsam, und blieb immer schwach. Und bey dreyen erfolgte entweder gar keine, oder doch eine immer veränderliche und gar keine beständige regelmäßige Bewegung. Man glaubte nunmehro Grund genug zu haben, die regelmäßige Bewegung bey mir und einigen Andern mehr einem Ohngefähr, oder doch einer unmerklichen Bewegung der Hand, wenigstens dem Electricitätträger hiebey nichts, zuzuschreiben.

Jedoch dies schreckte mich nicht ab. Ich war mir wenigstens gewis bewußt, daß die regelmäßige Bewegung von mir nicht herkam; und so konnte ich mir eben so wenig von jenen Personen einbilden, daß sie mir blos zu Gefallen es so, oder anders, machen sollten.

Ich erwählte mir also einige Personen von verschiedenem Geschlechte und Alter. Ich ließ sie die Versuche machen, ohne ihnen zu sagen, was jedesmal, nach meiner Erfahrung, die Glocke vor eine Richtung im Bewegen nehmen sollte. Und hier wurde ich bey einigen auf das stärkste überzeuget, daß nicht von dem Willen oder Willkühr dieser Personen die Bewegung abhieng, sondern daß der Grund in dem Electricitätträger liege. Denn bey einer Anzahl von 6 Personen, mit denen ich es nach und nach versuchete, zeigte sich der nämliche obige Erfolg; bey dreyen Personen gieng alles starck und regelmäßig, bey zwoen aber schwach zu, und bey einer Person, war, nach noch so langem Warten, keine bestimte Bewegung zu bemerken.

Allein, alles dieses war vielen meiner guten Freunden noch nicht genug, sich zu überzeugen, daß der Electricitätträger von jenen regelmäßigen und bestimten Bewegungen der Grund und die Ursach seyn sollte. Sie verlangten daß ich es erst außer allen Zweifel setzen müßte, daß ohnmöglich der Mensch und dessen Hand, auch ohne es selbst zu wollen oder an sich zu merken, Theil daran haben könne.

Diese Anforderung war etwas starck. Allein, da es mir bloß um die Warheit zu thun war, so ließ ich mir auch kein Nachdenken, keine Versuche und Mühe gereuen, hierinnen zum Zwecke zu kommen. Und man kann sich leicht vorstellen, daß es mir ein süßes Vergnügen war, da ich endlich unwidersprechlich sichtbar machen und erweisen konnte, daß, nicht eine unmerkliche Bewegung des Menschen und seiner Hand, die Ursache der regelmäßigen Bewegung der Glocken oder Kugeln bey meinen Versuchen sey, sondern daß solche, so unerwartet, den bisherigen Electricitäterfahrungen widersprechend, und unbegreiflich es auch immer sey, einig und allein dem Electricitätträger beyzumessen und ihm zuzuschreiben sey. Die nunmehro folgenden Versuche und deren Erfolge werden dieses ins Licht setzen, Zeugniß und Beweiß seyn!

Erster

Erster Versuch.
Zubereitung.

Ich setzte den Electricitätträger, nachdem ich das Pech der untern Scheibe gehörig gerieben, die obere Scheibe darauf gesetzt, und durch Berührung mit der Hand beyde Scheiben electrisch gemacht hatte, auf die blauseidenen Schnüre des Untersatzes (Tab. II. Fig. III.) und hieng über denselben, gerade über den Mittelpunkt, an einer blauseidenen Schnur also eine Glocke auf, daß die Schnur oben an einen eingeschlagenen Nagel angeknüpfet war.

Erfolg.

Nachdem sich die Glocke nach und nach von selbst in Ruhe gesetzet hatte, blieb dieselbe unbeweglich in Ruhe, und ich konnte an ihr nicht das geringste Merkmal einer Bewegung gewahr werden.

Anmerkung.

In dieser Ruhe blieb die Glocke, wenn man sie auch viele Stunden und Tage so hangen ließ.

Zweyter Versuch.
Zubereitung.

Ich verrückte den Untersatz also, daß der Electricitätträger und die Glocke, ihr gerade gegenüber, in einer Entfernung von 8 Zollen zu stehen kam.

Erfolg.

Die Glocke blieb in der vorigen Ruhe, ohne auch nur den geringsten Schein einer Bewegung von sich zu geben.

Dritter Versuch.
Zubereitung.

Ich rückte den Untersatz nach und nach also um die am Nagel hangende Glocke herum, daß der Electricitätträger nach allen Gegenden, in einer Entfernung von 8 Zollen, ihr gegenüber zu stehen kam.

Erfolg.

Die Glocke blieb bey allen diesen Abänderungen und Stellungen des Electricitätträgers unbeweglich in Ruhe.

Vierter Versuch.
Zubereitung.

Ich setzte den Untersatz mit dem, auf blauseidenen Schnüren liegenden electrischgemachten, Electricitätträger auf den Tisch, stellte den Gueridon einen Schuh weit gerad gegenüber, nahm die blauseidene Schnur, woran die Glocke hieng, zwischen dem Daumen und Zeigefinger, legte die Hand in die Krücke des Gueridons, brachte die Glocke in die Stellung, daß sie 6 Zoll weit zwischen dem Electricitätträger und dem Gueridon in gerader Linie, und zwar mit der obern Scheibe wagrecht zu hängen kam, und hielt Hand und Finger unbeweglich still.

Erfolg.

Die Glocke schwung sich anfangs unordentlich hie und dahin, verlohr aber immer mehr und mehr diesen unordentlichen Schwung, bekam eine ovale, sodann eine runde Bewegung, und stund endlich einen Augenblick völlig still. Hierauf änderte sie ihre Bewegung und Stillstand. Sie fieng nunmehro an sich also zu bewegen, daß der Schwung, welcher nach und nach immer stärker wurde, mit dem Mittelpunkte des Electricitätträgers eine gerade Linie oder Radium machte.

machte. Diese erstgemeldte Bewegung, oder Schwung der Glocke, in gerader Linie gegen den Mittelpunkt des Electricitätträgers zu, erfolgte jedesmal unabänderlich, ich mogte, durch die veränderte Stellung des Gueridons, und der darauf ruhenden Hand, der Glocke nach allen Gegenden, um den Electricitätträger herum, eine Richtung anweisen.

Fünfter Versuch.
Zubereitung.

Ich ließ alles in der vorigen Stellung und Beschaffenheit, nur daß ich die Glocke so tief herunter ließ, daß sie ohngefähr einen Schuh hoch über den Boden zu hängen kam. (Tab. II. Fig. III.)

Erfolg.

Die Glocke schwung sich, wie bey dem vierten Versuche, in gerader Linie gegen den Mittelpunkt des Electricitätträgers.

Sechster Versuch.
Zubereitung.

Ich stellte den Gueridon in die Mitte der Stube, und legte die Hand auf die Krücke desselben, gab der Glocke die Stellung, wie im fünften Versuche (Tab. II. Fig. III.), und ließ den Untersatz mit dem electrischgemachten Electricitätträger der Glocke also gegenüber setzen, daß nicht nur beyde, sondern auch ich mit ihnen, eine Linie ausmachten.

Erfolg.

Die Glocke erhielt nach und nach den gewöhnlichen Schwung, daß sie mit dem Mittelpunkte des Electricitätträgers eine gerade Linie, oder Radium, machte.

Siebender Versuch.
Zubereitung.
Ich blieb unbeweglich stehen, ließ den Untersatz mit dem Electricitätträger mir zur rechten Hand, alsdenn hinter mich, hierauf zur linken Hand, und so auch nach allen schrägen Gegenden, setzen.

Erfolg.
Ueberall nahm die Glocke den Schwung in gerader Linie dahin, wo sich der Mittelpunkt des Electricitätträgers befand, es mogte solcher mir zur rechten, oder zur linken, oder hinter mich, oder auch schräg stehen.

Achter Versuch.
Zubereitung.
Ich ließ den Untersatz mit dem Electricitätträger also stellen, daß die Glocke gerade über den Mittelpunkt des Electricitätträgers zu hängen kann.

Erfolg.
Die Glocke nahm nunmehr die Bewegung und den Schwung nicht, wie bisher, gegen den Mittelpunkt zu, sondern in gerader Linie durch den Mittelpunkt von Süden gegen Norden.

Anmerkung.
Es war bey diesen Versuchen sehr auffallend, daß die Glocke, wenn der Electricitätträger versetzet wurde, die bisherige Bewegung verließ, und sich von selbst in den neuen Schwung, den sie nunmehro nehmen sollte, versetzte. Die vorige Bewegung wurde merklich schwächer, verwandelte sich in einen ovalen oder runden Kreis, stund stille, und nahm endlich einen neuen regelmäßigen und bestimten Schwung.

Neun-

Neunter Versuch.
Zubereitung.

Bey den bisherigen Versuchen hatte die Entfernung der Glocke von dem Electricitätträger nur Zolle und nie über 2 Schuh betragen. Nun entfernte ich mich mit Gueridon und Glocke anfangs 8, nachher 15 und zuletzt gar 20 und 24 Schritte.

Erfolg.

Die Glocke bewegte sich und nahm jedesmal ihren Schwung regelmäßig dahin, wo der Mittelpunkt des Electricitätträgers mit ihr eine gerade Linie machte.

Zehender Versuch.
Zubereitung.

Um zu sehen, ob der Electricitätträger auch durch die Thüren und Mauern wirke, ließ ich denselben in die Stubenkammer also setzen, daß der Gueridon und Glocke bey aufgemachter Thüre in gerader Linie gegeneinander, und 10 oder 15 Schritt entfernet, stunden.

Erfolg.

Wenn ich die Kammerthüre zumachen ließ, stund die Glocke zuletzt still. Wurde sie geöffnet, nahm die Glocke ihren regelmäßigen Schwung nach dem Mittelpunkte des Electricitätträgers. Ließ ich die Thür abermalen zu machen, und hierauf wieder öffnen, so erfolgte allezeit in jenem Fall der Stillstand, und in diesem Falle der bestimte Schwung der Glocke.

Eilfter Versuch.
Zubereitung.

Da mir bey den bisherigen Versuchen, mit der Hand auf dem Gueridon, noch immer der Einwurf gemacht wurde, daß alle noch so regelmäßig und bestimt scheinende Bewegungen der Glocke, von einer unmerklichen Bewegung des Körpers oder der Hand, herkommen könnten; so schritte ich zu andern Versuchen, ohne Gebrauch des Gueridons, und ohne daß die Schnur zwischen dem Daumen und Zeigefinger gehalten werde, oder über letztern herabhange oder auch um ihn gewickelt seye. Ich bediente mich hierbey des Hauptgestelles, welches ich mir ausdrücklich hiezu verfertigen lassen, und im ersten Abschnitte beschrieben ist (Tab. II. Fig. I.). Ich hängte also auf das mittlere Queerstück drey Glocken an blauseidenen Schnüren also auf (Tab. II. Fig. II. e.), daß die eine Glocke in der Mitten gerade über den Mittelpunkt des darunter gesetzten und electrischgemachten Electricitätträger (Tab. II. Fig. I. a.) die zween andern aber, die eine links und die andere rechts, zwischen dem Electricitätträger und den Seitensäulen zu hängen kamen. Nachdem diese Glocken stille stunden, legte ich auf die Schnur der mittlern Glocke oben, wo sie über das Queerstück hinüberlief, das Aeußerste meines Zeigefingers, und ließ die Hand entweder auf dem Queerstücke ruhen, oder hielt sie auch ganz frey ohne aufzuliegen.

Erfolg.

Die mittlere Glocke fieng bald darauf an sich zu bewegen, und nahm, weil sie über dem Mittelpunkte des Electricitätträgers hieng, den Schwung, wie allezeit, in gerader Linie durch den Mittelpunkt von Süden gegen Norden.

Zwölfter Versuch.

Zubereitung.

Ich nahm den Zeigefinger von der Schnur der mittlern Glocke, und legte sie zuerst auf die Glocke zur rechten, und hernach auf die Glocke zur linken Hand.

Erfolg.

Erfolg.

Jede dieser Glocken bekam nach und nach die Bewegung und den Schwung gegen den Mittelpunkt des Electricitätträgers.

Dreyzehender Versuch.
Zubereitung.

Ich legte den Zeigefinger der rechten Hand, wie beym eilften Versuch, auf die Schnur der mittlern Glocke, und die linke Hand wie beym zwölften Versuche auf die Schnur der Glocke zur linken Hand, oder auch umgekehrt.

Erfolg.

Die mittlere Glocke nahm ihre Bewegung und Schwung durch den Mittelpunkt des Electricitätträgers von Süden gegen Norden, die Seitenglocke aber gegen den Mittelpunkt von Morgen gegen Abend, oder auch umgekehrt. Und diese zwiefach verschiedene Bewegung und Schwung gab den Glocken ein sonderbares Ansehen.

Vierzehender Versuch.
Zubereitung.

Ich ließ alles in der vorigen Stellung und Beschaffenheit, und hieng an jeden Arm des achteckigten Rades (Tab. II. Fig. I. e.) da, wo vorne der Ausschnitt war, eine Kugel an blauseidener Schnur; und legte hierauf das Aeußerste meines Zeigefingers auf die eine über dem Ausschnitte herablaufende Schnur. Die Glocken selbst waren von verschiedenem Durchschnitte, vier von Marmor, drey von Helfenbein und zwey von Holz.

Erfolg.

Die Kugel, über deren Schnur mein Finger lag, nahm ihre Bewegung und Schwung dahin, wo sie mit dem Mittelpunkte des Electricitätträgers eine gerade Linie ausmachte.

Funfzehender Versuch.
Zubereitung.
Ich legte meinen Finger, vorbeschriebenermaßen, nach und nach auf alle Glocken.
Erfolg.
Jedesmal war die Bewegung und der Schwung derjenigen Glocke, über deren Schnur mein Finger lag, regelmäßig und bestimmt nach dem Mittelpunkte des Electricitätträgers in gerader Linie.

Sechzehender Versuch.
Zubereitung.
Ich legte, wie vorher, den Zeigefinger der rechten Hand auf die Schnur der einen Glocke, und den Zeigefinger der linken Hand auf die Schnur der gleich darneben hangenden Glocke.
Erfolg.
Beyde Glocken nahmen eine schräge Bewegung und Schwung, jede nach dem Mittelpunkte des Electricitätträgers, und gaben den beyden Glocken das Ansehen, als ob sie in einen spitzigen Winkel zusammenstoßen wollten.

Siebenzehender Versuch.
Zubereitung.
Doch auch bey diesen Versuchen mit den Glocken auf dem mittlern Queerstücke, und den Kugeln an den Armen des achteckigten Rades, wollte mir noch dieser Zweifel gemacht werden, daß diese angebliche regelmäßige Bewegungen von irgend einer Bewegung des ganzen Gestelles abhangen könnte. Nun auch diesem suchte ich abzuhelfen. Ich ließ an den Boden des Gestelles in zwo Ecken, eine Art Arme be-
vesti-

festigen (Tab. II. Fig. I. b. b.) Fig. II. a.), ihn vorne aufschlitzen (Tab. II. Fig. II. b.) und klemmte in diesen Schlitz eine blauseidene Schnur, daran unten eine meßingene Glocke hieng (Tab II. Fig. I. i. k. II. a.), also vest ein, daß nur oben ein starker Knopf der blauseidenen Schnur (Tab. II. Fig. II. e.) zu sehen und zu berühren war.

Erfolg.

So bald ich einen meiner Finger auf den Knopf der seidenen Schnur legte, fieng sich unten die Glocke nicht nur zu bewegen an, sondern auch so bestimt regelmäßig, daß sie den Schwung dahin nahm, wo sie mit dem Mittelpunkte des über ihr stehenden Electricitätträgers eine gerade Linie machte.

Achtzehender Versuch.
Zubereitung.

Ich nahm ein eben vor mir liegendes Falsbein, ein andermal ein Stück Eisen, und noch ein andermal ein Stück Holz, 6 bis 7 Zoll lang in die Hand, und legte es über die Schnur der Glocken und Kugeln.

Erfolg.

Und auch hier erfolgte die bestimmte Bewegung und Schwung, nur späte und schwach.

Neunzehender Versuch.
Zubereitung.

Ich nahm bey einigen Kugeln und Glocken blos die seidene Schnur, die von der Schleife herabhieng, zwischen den Daumen und Zeigefinger.

Erfolg.

Die bestimmte Bewegung und Schwung erfolgte auch hier, doch noch später und schwächer, als bey den vorigem Versuche.

Zwanzigster Verſuch.
Zubereitung.

Und nun glaubte ich alles erſchöpft zu haben, was man gegen die regelmäßige Bewegung der Glocken und Kugeln in Rückſicht des Electricitätträgers nur immer vor Einwürfe und Zweifel bisher gemacht hatte. Es war höchſtens nur noch einer und dieſer übrig. Vielleicht kommen alle jene Bewegungen und Schwünge gar nicht von dem Electricitätträger her, vielleicht hat derſelbe in ſolche gar keinen Einfluß und Wirkung, ſondern liegt in etwas ganz Anderm und iſt folglich alles blos zufällig. Die alte bekannte Bewegung des Ringes im Glaſe, an einem Faden mit der Hand gehalten, ſchien dieſen Einwurf ſehr zu begünſtigen. Ich ließ alſo, um auch dieſen letzen Einwurf zu heben, alles in vorigem Stande, nur, daß ich den Electricitätträger weg und in ein ander Zimmer tragen ließ. Und nachdem Glocken und Kugel völlig in Ruhe waren, legte ich nach allen vorgemachten Verſuchen, das Aeußerſte eines meiner Finger auf die Schnur der mittlern Glocke und nachher der Seitenglocken, und hierauf nach und nach auf alle Schnüre des achteckigen Rades.

Erfolg.

Weder die Glocken noch die Kugeln bekamen eine Bewegung und Schwung. Und wenn zufälliger Weiſe, durch eine fremde Erſchütterung, z. E. durch ſtarkes Gehen in der Stube, oder Fahren auf der Gaße, eine Bewegung und Schwung erfolgte, ſo waren ſolche nie beſtimt und regelmäßig, ſondern unordentlich, und kamen Glocke und Kugeln bald wieder in Ruhe. So bald aber der noch electriſche Electricitätträger wieder auf das Geſtelle geſetzet wurde, alsbald nahmen, nach Auflegung und Berührung der Schnur mit einem Finger, Glocken und Kugeln wieder ihre vorige regelmäßige und beſtimte Bewegung und Schwung.

Anmer-

Anmerkung.

Ich muß hiebey noch viererley erinnern.

Erstlich. Wenn eine Glocke oder Kugel in Bewegung und Schwung gebracht wird, so bewegen sich zwar auch alle andern Glocken oft sehr stark mit, doch keine bestimmt, sondern alle unordentlich und abwechselnd.

Zweytens. Wenn man die seidene Schnur, woran eine Glocke oder Kugel hänget, nicht blos mit dem Finger berühret, oder über den Finger hangen läßt, sondern zwischen zween Finger nimmt, oder über einen Finger einigemal wickelt, so erfolget insgemein die Bewegung und der Schwung eher und auch stärker.

Drittens. Bey den Kugeln und Glocken ist die blauseidene Schnur nicht nothwendig. Ich habe sie an Seide von verschiedener Farbe, an Zwirn, an Bindfaden, und auch an eine meßingene Kette gehangen, und überall ist Bewegung und Schwung regelmäßig erfolget; nur, wie es mich gedünket hat, bey den Ketten manchmal später und schwächer.

Viertens. Man muß ja nicht vergessen, daß ich bey den bisherigen Versuchen blos von meiner Person geredet habe. Denn bey andern Personen traf auch hier das Nämliche zu, dessen ich schon oben gedacht habe. Bey einigen Personen erfolgte Bewegung und Schwung eben so bald und stark, als bey mir; bey Andern gieng es langsamer und schwächer her; und noch bey andern blieb alles außen, oder war doch nichts Bestimmtes und Regelmäßiges. Ja ich weis in den 3 Wochen, da ich mit diesen Versuchen täglich und Stundenweise mich beschäftiget habe, mich selbst eines ganzen Nachmittages zu erinnern, da mir nicht ein Versuch gelingen wollte. Ein andermal wollte ebenfalls Bewegung und Schwung in Gegenwart 12 Personen nicht erfolgen; so bald ich aber aus dieser Gesellschaft nur mit einer Person in ein ander

Zimmer gieng und den Electricitättträger nachbringen ließ, gieng alles den vorigen Weg bestimmt und ordentlich.

Ein und zwanzigster Versuch.
Zubereitung.

Ich wende mich nun zu den Versuchen mit der Magnetnadel. Diese Versuche werden theils die Bewegung und den Stillstand der Magnetnadel überhaupt, theils die Neigung und Abweichung (inclinatio & declinatio) insonderheit, betreffen.

Da bey diesen Versuchen der Erfolg bey allen Personen uneingeschränkt sich äußert, so werde ich auch allgemein davon reden können.

Bevestiget also auf ein viereckigtes meßingenes Plättgen einen senkrecht stehenden und spitzig auslaufenden meßingenen Steft. Bringet den Electricitättträger auf die seidenen Schnüre des Untersatzes, und nachdem ihr die obere und untere Scheibe durch Berühren, gewöhnlichermaßen, electrisch gemacht habet, so setzet das meßingene Plättgen mit der auf dem Steft ruhenden Magnetnadel auf die obere Scheibe, anfangs in den Mittelpunkt, nachher von dem Mittelpunkte weg, wohin ihr wollet, nach dem Rande zu, oder auch ganz und gar an den Rand. Und nahet euch hierauf mit dem Finger, oder mit Holz, Glas, Wachs, Pech, Siegellack, Bein, Papier, Feder, und womit ihr wollet, der Magnetnadel.

Erfolg.

Die Magnetnadel wird unbeweglich stehen und in Ruhe bleiben.

Zwey und zwanzigster Versuch.
Zubereitung.

Machet alles wie zuvor. Hebet nunmehro aber die obere Scheibe bey dem Knopfe der seidenen Schnüre von der untern Scheibe ab und

und haltet sie gerade in die Höhe, oder auf die Seite, und nahet euch alsdenn mit dem Finger, oder womit es, nach dem vorigen Versuche immer seyn mag, der Magnetnadel.

Erfolg.

Die Magnetnadel wird itzo aus der Ruhe kommen, und sich gegen euren Finger, oder was ihr derselben vorhaltet, bewegen, ihm nähern, und demselben dahin folgen, wohin ihr sie leitet, es sey hin und her oder im Kreise herum.

Anmerkung.

1. Dieses Nahen der Magnetnadel dem entgegen, was ihr derselben vorhaltet, und das Nachfolgen dahin, wohin ihr sie leitet, wird immer einerley und daßelbe seyn, ihr setzet die Magnetnadel in den Mittelpunkt, oder von demselben weg und dem Rande zu, oder gar an Rand.

2. Ihr müsset euch hüten, daß ihr der Magnetnadel mit dem Finger, oder was es sonst sey, nicht gar zu nahe kommt; sonst giebt sie einen Funken von sich, setzet sich nach dieser Entladung wieder in Ruhe, und höret auf sich zu nähern und zu folgen.

Drey und zwanzigster Versuch.

Zubereitung.

Entladet die obere Scheibe, indem ihr sie von dem vorigen Versuche noch in der Höhe oder auf die Seite haltet, auf die bewußte Art.

Erfolg.

Nun wird, nach dieser Entladung, auch die Magnetnadel, sie stehe im Mittelpunkte, oder sonst irgendwo außerhalb demselben, sich nicht mehr dem, was ihr derselben vorhaltet, entgegen bewegen, noch ihm nähern, am wenigsten ihm folgen und gehorsam seyn; sondern ruhen und stille stehen.

Vier und zwanzigster Versuch.
Zubereitung.

Setzet die obere Scheibe, nachdem ihr sie, vermöge des vorigen Versuches, entladet habet, wieder auf die untere Scheibe, die Magnetnadel stehe in dem Mittelpunkte, oder wo sie wolle, und nähert euch mit dem Finger, oder womit es sey, der Magnetnadel.

Erfolg.

Anitzo wird die Magnetnadel, wie bey dem zwey und zwanzigsten Versuche, sich demjenigen wieder entgegen bewegen, zu Willen und Gehorsam seyn und nachfolgen, was ihr derselben entgegen haltet, oder womit ihr sie leitet und regieret.

Anmerkung.

1. Es ist ja aber auch von dem ein und zwanzigsten Versuche her die untere Scheibe noch electrisch.
2. Bey diesem und den vorigen Versuchen ist die Art, wie die Magnetnadel sich dem Finger oder dem, was ihr entgegen gehalten wird, hinzu nähert, von ihm gleichsam angezogen wird, und sodann nachfolget, um des neun und zwanzigsten und ein und dreyßigsten Versuches willen, wohl zumerken.

Fünf und zwanzigster Versuch.
Zubereitung.

Hebet die obere Scheibe von dem vorigen Versuche, ohne sie zu berühren und aufs neue electrisch zu machen, ab, haltet sie in der Höhe oder auf die Seite, nähert euch der darauf stehenden Magnetnadel mit dem Finger oder etwas Anderm. Setzet alsdenn die obere Scheibe wieder auf die untere Scheibe und nähert euch alsdenn wieder mit dem Finger, oder mit was es sey, der Magnetnadel.

Erfolg.

Erfolg.

Im erſten Falle wird die Magnetnadel in der Ruhe bleiben. Im andern Falle wird ſie ſich bewegen, entgegen nähern und ſich nach Willkühr leiten laſſen.

Anmerkung.

Dieſes wechſelsweiſe Aufheben der entladenen Scheibe, und wieder Niederſetzen auf die untere Scheibe, könnet ihr unter jedesmaligem angezeigten Erfolge, mehrmalen hintereinander und ſo oft wiederholen, als die untere Scheibe nur noch im geringſten electriſch iſt.

Sechs und zwanzigſter Verſuch.

Zubereitung.

Setzet die obere Scheibe auf die untere, doch jene dergeſtalt etwas auf die Seite gerücket, daß die Magnetnadel auf der untern Scheibe ſtehen kann. Machet hierauf beyde Scheiben durch Anrühren electriſch, und nähert euch mit dem Finger, oder irgend etwas Anderm, der an dem Rande der untern Scheibe ſtehenden Magnetnadel,

Erfolg.

Die Magnetnadel wird unbeweglich in ihrer Ruhe bleiben.

Sieben und zwanzigſter Verſuch.

Zubereitung.

Hebet nunmehro die obere Scheibe von der untern Scheibe ab und in die Höhe oder auf die Seite, und nähert euch alsdenn mit dem Finger, oder womit es ſey, der Magnetnadel.

Erfolg.

Die Magnetnadel wird, wie in den vorigen Verſuchen, ſich bewegen, dem Vorgehaltenen entgegen nähern, ihm nachfolgen und ſich von ihm nach Willkühr leiten und regieren laſſen.

Anmerkung.

1. Und auch diesen Versuch könnet ihr, wie den vorigen, so oft wiederholen als ihr wollet, es wird immer einerley Erscheinung erfolgen.

2. Müsset ihr euch bey diesen Versuchen zu hüten, daß ihr die untere Scheibe mit nichts berühret; sonst entladet sie sich, und wie gleich angezeiget werden wird, höret die Bewegung der Magnetnadel auf.

Acht und zwanzigster Versuch.
Zubereitung.

Entladet nunmehro die untere Scheibe, indem ihr die obere vom vorigen Versuche noch in der Höhe, oder auf die Seite haltet, oder, nach der Entladung der untern Scheibe, ihr wieder aufgesetzet habet; und nähert euch alsdann mit dem Finger, oder mit was es sey, der Magnetnadel.

Erfolg.

Anitzo wird die Magnetnadel sich nicht mehr entgegen bewegen, noch sich leiten und regiren lassen, sondern in ihrer Ruhe bleiben.

Neun und zwanzigster Versuch.
Zubereitung.

Bringet den Electricitätträger auf die blauseidenen Schnüre des Untersatzes, machet beyde Scheiben durch Anrühren electrisch, hebet die obere Scheibe ab, setzet die Magnetnadel auf die untere Scheibe, es sey in den Mittelpunct, oder wohin es immer sey, und nähert euch alsdann derselben mit dem Finger, oder irgend etwas Anderm.

Erfolg.

Die Magnetnadel wird zwar itzo auch, wie bey den bisherigen Versuchen, in Bewegung kommen, aber mit dem großen Unterschiede, daß sie sich eurem Finger, oder was ihr derselben vorhaltet, nicht

nicht mehr entgegen nahen, und nachfolgen, sondern sich davon entfernen, und vor ihm fliehen wird, folglich das gerade Gegentheil der vorigen Versuche ausüben.

Dreyßigster Versuch.

Zubereitung.

Entladet die untere Scheibe, nach dem vorigen Versuche, und nähert euch der Magnetnadel bekanntermaßen.

Erfolg.

Die Magnetnadel wird sich nicht mehr bewegen, sondern in Ruhe bleiben.

Anmerkung.

1. Ihr müsset bey dem neun und zwanzigsten Versuche ja alle Vorsicht beobachten, theils daß ihr im Niedersetzen der Magnetnadel auf die untere Scheibe, letztere ja nicht mit der Hand berühret, und sie dadurch entladet; theils, daß ihr euch der Magnetnadel nicht vor, sondern zwischen der Magnetnadel und ihrem Ruhepunkte nähert; theils, daß die Magnetnadel nicht zur Zeit der Annäherung in Schwung und Bewegung, sondern völlig stille stehe und ruhe; theils, daß ihr diese Näherung zu der Zeit übet, da die untere Scheibe noch sehr electrisch ist. Denn wo dieses nicht beobachtet wird, kann auch der Erfolg leicht fehl schlagen, und statt des Entfernens und Fliehens der Magnetnadel eine Annäherung und Nachfolge entstehen.

2. Wenn ihr mit dem Finger, oder was es sey, der Magnetnadel vom Nahen her und langsam euch nähert, so wird auch die Entfernung und das Fliehen derselben langsam und schwach und nicht sehr weit erfolgen, die Magnetnadel wird sichtbar sich widersetzen, und zuletzt da stehen bleiben, wo ihr den Finger, oder was

was es sey, ihr entgegen haltet; auch so bald ihr zurück ziehet, sich wieder an ihren Standort in Ruhe setzen. Haltet aber den Finger, oder was es sey, in der Ferne, und fahret schnell und gleichsam mit Gewalt auf die Magnetnadel zu, so wird sie auch schnell und stark sich entfernen, und fliehen, und oft werdet ihr sie ganz im Kreise herum jagen können.

3. Da bey diesem Versuche die Magnetnadel offenbar eine zweyfache entgegen gesetzte Bewegung bekommt; nach deren einer sie aus ihrem Ruhepunkt hinweg gestoßen, und nach der andern, als der natürlichen, wieder in ihren Ruhepunkt zu kommen suchet; so geschiehet bey der magnetischen Magnetnadel die Entfernung und das Fliehen etwas schwerer und widersetzender, es wird aber dieses bey dem nun gleich folgenden Versuche ungleich leichter erfolgen und sichtbarer werden.

Ein und dreyßigster Versuch.
Zubereitung.
Machet alles wie bey dem neun und zwanzigsten Versuche, nur nehmet statt der magnetischen Magnetnadel eine unmagnetische, oder eine von Holz, u. s. w und nähert euch derselbe mit dem Finger, oder womit es euch beliebet.

Erfolg.
Anitzo wird die unmagnetische oder hölzerne Magnetnadel vor demjenigen, was ihr derselben entgegen haltet, oder womit ihr auf sie losgehet, nicht mehr, wie die magnetische Magnetnadel, so schwer und widersetzend, sondern auf das leichteste sich entfernen, und unglaublich schnell in dem Kreise herum vor ihm her fliehen. Nur müsset ihr auch hiebey, diejenigen, Behutsamkeiten beobachten, die in der Anmerkung des dreyßigsten Versuches sind gemeldet worden.

Anmer=

Anmerkung.

Man beschuldige mich keines Widerspruches, noch eines Mangels der nöthigen Aufmerksamkeit, noch einer Täuschung, wenn man den sechs und zwanzigsten Versuch mit dem neun und zwanzigsten vergleichet. Es stehet freylich in beyden Fällen die Magnetnadel auf dem Peche der untern Scheibe; wie kann sie also dort sich nähern, hier fliehen? Allein, es ist zwischen beyden doch ein und zwar dieser Unterscheid. Bey dem sechs und zwanzigsten Versuche stehet die Magnetnadel schon auf dem Peche, ehe beyde Scheiben electrisch gemacht werden; bey dem neun und zwanzigsten Versuche aber wird die Magnetnadel alsdenn erst auf das Pech gesetzet, nachdem beyde Scheiben schon electrisch gemacht worden sind. Und vielleicht ist dieser klein scheinende Unterscheid die wirkliche Ursache der Näherung und des Fliehens. Wenigstens wird Jeder, der es versuchet, diese Verschiedenheit so, wie ich sie angegeben habe, als zuverläßig finden, die Ursache davon sey auch nun welche sie wolle.

Zwey und dreyßigster Versuch.
Zubereitung.

Von diesen Versuchen, die Bewegung der Magnetnadel überhaupt betreffend, komme ich nun auf diejenigen, welche die Neigung und Abweichung angehen. Diese wird freylich in der Folge sich nur scheinbar, und jene noch sehr unvollkommen, darthun laßen. Vielleicht aber reizet und bringet dieser mein Vorgang Andere zu sichern und vollkommenen Versuchen.

Setzet also den Electricitätträger auf die blauseidenen Schnüre des Untersatzes, und machet beyde Scheiben durch Anrühren electrisch. Bringet hierauf die auf dem Steft ruhende magnetische, oder unmagnetische, oder hölzerne ꝛc. Magnetnadel auf den hölzernen Ring des Untersatzes, so, daß sie ohngefähr etwas über einen Zoll von der untern Scheibe entfernet sey.

E   Erfolg.

Erfolg.

Die Magnetnadel wird sich in ihren gewöhnlichen Standort versetzen, und unbeweglich in Ruhe bleiben.

Drey und dreyßigster Versuch.
Zubereitung.

Hebet nunmehro die obere Scheibe von der untern ab, und haltet sie in die Höhe, oder auf die Seite; ohne sie auf etwas zu setzen, oder an etwas zu stoßen, folglich im electrischen Zustande.

Erfolg.

Sogleich wird die Magnetnadel auf dem Ringe des Untersatzes ihren Ruhepunkt und Stillstand verlassen, von ihrem Standorte abweichen, und mit dem Mittelpunkte in gerader Linie stehen bleiben.

Anmerkung.

Diese gerade Linie mit dem Mittelpunkte hat nur alsdann Platz, so lange die untere Scheibe stark electrisch ist. Lässet diese Kraft nach, so ist auch die Nadel mehr oder weniger von dem Mittelpunkte abweichend.

Vier und dreyßigster Versuch.
Zubereitung.

Nähert euch mit der bisher in der Hand behaltenen und noch electrischen obern Scheibe der untern, und setzet sie zuletzt wieder auf die ebenfalls noch electrische untere Scheibe.

Erfolg.

So bald ihr euch mit der obern Scheibe der untern Scheibe nahet, und der Rand der erstern dem Rande der letztern Scheibe gleich kommt, wird auch die Magnetnadel sich wieder bewegen, von der untern Scheibe anfangen abzuweichen, und dieses immer stärker, je näher

näher ihr mit der obern Scheibe der Magnetnadel kommt, und zuletzt, wenn ihr die obere Scheibe völlig aufgesetzet habet, ihren Ruhepunkt und Standort wieder einnehmen und stehen bleiben.

Anmerkung.

Diesen Versuch der wechselweisen Abnehmung der obern Scheibe und Wiederaufsetzung auf die untere Scheibe, könnet ihr so oft mit jedesmaligem gleichen Erfolge wiederholen, so lange die obere und untere Scheibe electrisch ist.

Fünf und dreyßigster Versuch.
Zubereitung.

Lasset alles, wie zuvor, und, nachdem ihr die noch electrische obere Scheibe von der untern, ebenfalls noch electrischen, abgehoben habet, so entladet die obere gewöhnlichermaßen, und setzet sie entladen wieder auf die untere Scheibe.

Erfolg.

Die Magnetnadel wird ihren vorigen Abweichungsort gar nicht verlassen, oder doch sehr wenig von der geraden Linie des Mittelpunktes abweichen.

Sechs und dreyßigster Versuch.

Lasset die Schnüre, womit ihr die obere Scheibe hieltet, als man sie im vorigen Versuche auf die untere Scheibe setzte, fallen; und nähert euch mit dem Finger, oder was es sey, der obern Scheibe, so gleich wird sich die Magnetnadel bewegen, ihren Abweichungsstand anfangen zu verlassen, dagegen, oder so bald ihr die obere Scheibe wirklich berühret, und also wieder electrisch machet, ihren natürlichen Ruhepunkt und Standort einnehmen.

Sieben

Sieben und dreyßigster Versuch.
Zubereitung.

Bezeichnet auf dem Ringe des Untersatzes nicht nur Ost, Süd, West, Nord, sondern auch, nach Art einer Schifrose, Ostsüd, Südwest, Nordwest, und Nordost. Bringet, (nachdem ihr beyde Scheiben des Untersatzes electrisch gemacht, und in allem, wie bey den vorigen Versuchen, verfahren habet,) die Magnetnadel nach und nach auf die bezeichneten Orte und Gegenden des Himmels.

Erfolg.

Die Magnetnadel wird in Ost und Südost, von ihrem natürlichen Standorte, nach Westen zu; in Nordost aber, Nordwest, Westen und Südwest, nach Osten zu abweichen; in Süden und Norden aber gar keine Abweichung, sondern nur eine sehr geringe, und fast gar nicht merklich schwingende, Bewegung machen.

Anmerkung.

Scheinet es nach diesem Versuche nicht offenbar genug zu seyn, daß die Magnetnadel allerdings bald nach Osten, bald nach Westen abweichet; folglich diese Abweichung ausser allem Zweifel sey. Allein es scheinet wirklich nur so, und der gleich darauf folgende Versuch wird es zeigen, daß diese Abweichung keine wahre, sondern nur scheinbare sey; indem sie überall, und auf einerley Art, nur der anziehenden electrischen Kraft nach der untern Scheibe und dem Mittelpunkte zu, beyzumessen ist.

Acht und dreyßigster Versuch.
Zubereitung.

Machet alles, wie zuvor, nehmet aber, statt der magnetischen, eine unmagnetische, oder hölzerne ꝛc. Magnetnadel, und traget sie nach und nach auf die verschiedenen Orte der Himmelsgegenden.
Und

Und nachdem ihr jedesmal dieser Magnetnadel den Ruhepunkt der magnetischen nach Norden zu gegeben habt; so hebet die obere Scheibe von der untern ab.

Erfolg.

Diese unmagnetische oder hölzerne Magnetnadel, wird, unter obiger Bedingung, alle Abweichungen der magnetischen Magnetnadel zeigen, und jedesmal ganz in gerader Linie dem Mittelpunkte zu hingezogen werden, und daselbst unbeweglich stehen bleiben.

Anmerkung.

Woher kommt nun diese Abweichung an verschiedenen Orten der Himmelsgegend? Daher, weil bey der ordentlichen magnetischen Magnetnadel in Ost und Südost die Lilie, oder Spitze, der Magnetnadel der untern Scheibe näher ist, als der Mond oder hintere Theil; in Nordost, Nordwest, West und Südwest aber, just umgekehrt, der Mond oder hintere Theil der untern Scheibe näher stehet, als die Lilie oder Spitze der Magnetnadel. Was ist also natürlicher, als daß der nähere Theil jedesmal angezogen wird, welches, wenn ihr nur auf die Spitze, oder Lilie sehet, ein Abweichen nach Westen und Osten zu seyn scheinet. Und weil ihr die unmagnetische, oder hölzerne Nadel anfangs jedesmal in dem nordlichen Standort setzet; so muß auch hier gleiches erfolgen, obgleich die magnetische Kraft völlig mangelt. Wenn also diese Aenderung der Magnetnadel eine Abweichung (declinatio) heißen sollte, so würde es in ganz ungewöhnlicher Bedeutung und in einem andern Sinne geschehen.

Neun und dreyßigster Versuch.
Zubereitung.

Setzet die auf ihren Stest ruhende Magnetnadel unter den Untersatz und den auf blauseidenen Schnüren befindlichen Electricitätträger. Machet beyde Scheiben durch Anrühren electrisch, und hebet
hier-

hierauf die obere Scheibe von der untern in die Höhe, oder auf die Seite.

Erfolg.

Die Magnetnadel wird sich stark neigen, die Lilie tief hinunter und der Mond hoch an die Scheibe hinan, oder auch umgekehrt, zu stehen kommen, und in dieser abwärts schiefen Richtung mehr und weniger lange bleiben, je nachdem die Electricität der untern Scheibe mehr oder weniger stark ist.

Anmerkung.

Dieser Neigung könnte, in gewissem Verstande, vielleicht der Name einer wahren Neigung (inclination) gegeben werden.

Vierzigster Versuch.
Zubereitung.

Setzet das *Directorium magneticum* (Tab. II. Fig. IV.) (*) auf die obere Scheibe des auf den blauseidenen Schnüren ruhenden Electricitätträgers, machet beyde Scheiben electrisch, und hebet alsdann die obere Scheibe von der untern gewöhnlichermaßen ab und in die Höhe, oder auf die Seite.

Erfolg.

Hier ist es mir wirklich fast jedesmal so vorgekommen, als wenn die Magnetnadel um ein merkliches niedersänke. Allein, da ich nichts genau Bestimmtes habe bemerken können, woran vielleicht die Unvollkommenheit meines Directoriums schuld seyn könnte; so will ich es auch nicht gewiß behaupten, sondern das Eigentliche und Wahre auszumachen Andern überlassen.

Ein

(*) Directorium magneticum magneticis quibusdam phænomenis exhibendis experimentis dirigendis ac obseruationibus definiendis aptatum a P. Joanne Nepom. *Reitbenberger*, Philos. & Matthes. Professore ordinario publico Lycei Episcopalis ad S. Paulum Ratisbonæ.

Ein und vierzigster Versuch.
Zubereitung.

Bey diesen Versuchen mit dem Electricitätträger gedachte ich anfänglich es bewenden zu lassen. Allein ein Gedanke, der mir erst einfiel, als die angezeigten Versuche schon unter der Presse und meist abgedruckt waren, brachte mich auf neue Versuche, und die ich dermalen nur auf das kürzeste, und gleichsam summarisch, noch anzeigen will.

Ich war begierig, zu erfahren, was theils meine Versuche mit der Magnetnadel auf der einfachen gewöhnlichen electrischen Maschine, mit Beyhülfe der Ladungsmaschine, (*) theils diese und alle meine übrigen Versuche bey dem Electricitätträger vor Erfolge haben würden, wenn ich ihn mit der gemeinen electrischen Maschine verbinden, und diesen durch jene verstärken würde.

Ich machte also mit der gemeinen electrischen Maschine den Anfang.

Setzet die auf den Stest ruhende magnetische, oder unmagnetische, oder hölzerne ꝛc. Magnetnadel auf die Queerstange der Ladungsmaschine, (oder sonst auf etwas, so die Electricität annimmt, und behält,) und machet dieselbe electrisch.

Erfolg.

Die Magnetnadel wird hier sich eben so beweisen und alle diejenigen Erscheinungen geben, wie sie in dem zwey und zwanzigsten und sieben und zwanzigsten Versuche angezeiget worden sind. Sie wird sich dem, was ihr derselben entgegen haltet, nähern und ihm nachfolgen.

Zwey

(*) Siehe meines Bruders, D Joh. Gottlieb Schäffers ꝛc. Electrische Medicin oder die Kraft und Wirkung der Electricität in dem menschlichen Körper und dessen Krankheiten. Regensb. 1766. Seite 4. 5. Titelkupfer. r.

Zwey und vierzigster Versuch.
Zubereitung.

Haltet oder setzet die Magnetnadel, sie sey magnetisch oder unmagnetisch, oder hölzern, ꝛc. 1 oder 1½ Zoll weit, der senkrechten Stange der Ladungsmaschine gegenüber, und bringet die electrische Maschine in Bewegung.

Erfolg.

Die Magnetnadel wird hier eben das leisten, was sie bey dem drey und dreyßigsten Versuche geleistet hat. Sie wird sich der senkrechten Stange nähern, und dem Mittelpunkte gegenüber stehen bleiben, und dem, was man ihr entgegen hält, sich nähern.

Drey und vierzigster Versuch.
Zubereitung.

Ich komme zu den Versuchen mit dem Electricitätträger in Ansehung der Verbindung und Verstärkung desselben mit der gemeinen electrischen Maschine und deren Ladungsmaschine.

Bevestiget an das eine Ende der Queerstange der Ladungsmaschine ein meßingenes Kettgen, lasset es auf die obere Scheibe des auf blauseidenen Schnüren des Untersatzes ruhenden Electricitätträgers herabgehen, und setzet alsdenn die electrische Maschine in Bewegung.

Erfolg.

Die beyde obere und untere Scheiben werden, ohne daß letztere gerieben worden ist, stark electrisch werden, und bey dem Anrühren mit dem Finger, oder mit sonst etwas, einen starken zischendpraßelnden Funken oder Schlag von sich geben.

Vier und vierzigster Versuch.
Zubereitung.
Lasset alles wie zuvor, und setzet eine magnetische oder unmagnetische oder hölzerne ꝛc. Magnetnadel auf die obere Scheibe; und bringet die electrische Maschine in Bewegung.
Erfolg.
Die Magnetnadel wird, wie bey dem zwey und zwanzigsten Versuche dem, was ihr derselben entgegen haltet, sich nähern und sich nach Willkühr leicht und geschwind regieren lassen und gehorsam seyn.

Fünf und vierzigster Versuch.
Zubereitung.
Lasset alles wie zuvor. Rücket aber anitzo die obere Scheibe, wie in dem sechs und zwanzigsten Versuche etwas auf die Seite, und setzet alsdenn auf die untere Scheibe eine magnetische oder unmagnetische, oder hölzerne ꝛc. Magnetnadel. Lasset die Kette auf der obern Scheibe ruhen, und bringet die electrische Maschine in Bewegung.
Erfolg.
Die Magnetnadel wird, wie im sieben und zwanzigsten Versuche, dem sich nähern und folgen, was ihr derselben entgegen haltet, aber ungleich leichter und stärker.

Sechs und vierzigster Versuch.
Zubereitung.
Lasset alles, wie zuvor. Hebet die obere Scheibe von der untern ab, und bringet sie auf die Seite. Lasset die Kette auf dem Peche der untern Scheibe ruhen, und setzet die electrische Maschine in Bewegung. Und nachdem die untere Scheibe auf diese Weise

F electrisch

electrisch gemacht worden, so bringet zuletzt eine magnetische, oder unmagnetische, oder hölzerne ꝛc. Magnetnadel auf das Pech.

Erfolg.

Hier wird die Magnetnadel, wie in dem neun und zwanzigsten Versuche, vor dem fliehen, was ihr derselben entgegen haltet; und dieses auf eine solche starke, deutliche und überzeugende Art, daß anitzo alle der Zweifel und scheinbare Widerspruch, dessen wir oben gedacht haben, nun völlig schwinden und gehoben seyn wird.

Sieben und vierzigster Versuch.

Zubereitung.

Lasset alles, wie zuvor, nur daß ihr den Electricitätträger auf das Hauptgestelle bringet, und die an der Queerstange der Ladungsmaschine befestigte Kette auf ihn ruhen lasset; und bringet alsdann die electrische Maschine in Bewegung.

Erfolg.

Anitzo werdet ihr mit Verwunderung sehen, welche eine leichte, ungemein starke und bestimmte Bewegung und Schwung nicht nur die Glocke nimmt, wenn die Hand auf den Gueridon ruhet, sondern auch die Glocken und Kugeln nehmen, wenn ihr, nach dem eilften bis sechzehenden Versuche, auf die Schnure der Glocke, oder Kugeln, des Hauptgestelles die Finger leget.

Und was werdet ihr zu den gleich folgenden und letzten Versuchen sagen.

Acht und vierzigster Versuch.

Zubereitung.

Lasset alles in dem Zustande des vorigen Versuches, und setzet die electrische Maschine in Bewegung. Euch selbst aber begebet mit dem Gueridon und mit dem Glöckgen an der seidenen Schnure in ein zugemachtes Nebenzimmer. Stellet euch mit dem Gueridon an einen Ort und Gegend des Nebenzimmers, wohin ihr wollet, leget die Hand, zwischen dessen Daumen und Zeigefinger ihr die blauseidene Schnur mit dem daran hangenden Glöckgen haltet, auf den Gueridon, und stehet unbeweglich stille.

Erfolg.

Das Glöckgen wird anfangen, sich zu bewegen, und eben die Richtung und Schwung nehmen, wo in dem andern Zimmer der Electricitätträger stehet, und zwar allezeit mit dem Mittelpunkte desselben in gerader Linie. Und so möget ihr in dem Nebenzimmer die Stellung ändern, wie ihr wollet, allezeit wird sich auch die Bewegung und Schwung der Glocke auf die bestimmte und vestgesezte Art dem Mittelpunkte zu ändern.

Neun und vierzigster Versuch.

Zubereitung.

Lasset, oder bringet, alles in den Zustand des sieben und vierzigsten Versuches; und begebet euch gleich nach dem Electrisiren, oder noch besser, da solches fortdauert, mit dem Gueridon und Glöckgen in ein Zimmer gerade unter demjenigen, wo electrisiret wird, und machet es, wie in dem acht und vierzigsten Versuche.

Erfolg.

Erfolg.

Hier werdet ihr mit der äußersten Verwunderung den nämlichen Erfolg der beyden vorhergehenden Versuche gewahr werden. Das Glöckgen wird seine Bewegung und Schwung jedesmal dahin regelmäßig nehmen, wo im obern Zimmer der Electricitätträger stehet, und so oft die Bewegung und Schwung regelmäßig ändern, je nachdem ihr euern Standort ändert.

Funfzigster Versuch.

Zubereitung.

Um nun den Erfolg von den zwey vorhergehenden Versuchen, da er so gar unglaublich zu seyn scheinet, ganz außer allem Zweifel zu setzen, so lasset, indem ihr in dem Electricitätszimmer, oder Nebenzimmer, oder Unterzimmer, die Versuche machet, die Ladungsmaschine entladen; und nach einiger Zeit, ohne daß ihr es selbst wisset, wenn man anfängt, die electrische Maschine wieder in Bewegung setzen.

Erfolg.

Im ersten Falle wird euer Glöckgen oft gleich, wenigstens nach und nach, die Bewegung und den regelmäßigen Schwung verlieren; und im andern Falle aber alles regelmäßig wieder von neuem angehen.

Schluß.

Diesen bisher beygebrachten Versuchen könnte ich wirklich noch eine ziemliche Anzahl anderer, die nicht weniger auffallend und sonderbar sind, beyfügen. Allein ich will es dießmal bey diesen bewenden lassen, und das Urtheil Anderer vorhero abwarten.

In einen Streit werde ich mich mit Niemand einlassen, der diese meine Versuche, ohne sie wohl gar durch Nachmachung vorhero geprüfet zu haben, in Zweifel ziehen, oder gar dießfalls, nach jetziger Mode, wider mich ausfallen wollte. Ich habe meine Versuche sowohl selbst viel zu aufrichtig und unpartheyisch, als auch in Gegenwart vornehmer und gelehrter Personen viel zu oft wiederholet, als daß ich nöthig hätte, darüber zu streiten; dies würde eine große Schwachheit verrathen. Freundschaftliche und gegründete Belehrung und Zurechtweisung werde ich allezeit mit Dank erkennen und annehmen, auch nach vorwaltenden Umständen vielleicht beantworten.

Wäre aber nicht vielleicht hier der rechte Ort noch einen Wink auf den thierischen Magnetismus zu geben? Allein da ich wohl weiß, wie sehr demselben noch von vielen Seiten her widersprochen wird, so gedenke ich, wenigstens dermalen, mich darüber nicht herauszulassen, ob meine Versuche hierinnen ein Licht geben können. Das aber will ich, der Wahrheit gemäß, nicht verheelen, daß mir folgende Geschichte sehr auffallend gewesen ist, und zum Nachdenken gebracht hat.

An einem Gelehrten, den ich noch nicht nennen will, äußerte sich, als er bey mir einige Versuche machte, so etwas in einem starken Grade, welches man den thierischen Magnetismus nennet. Ein anderer verehrungswürdiger Gelehrter, der den Mesmerischen Kuren in München beygewohnet hatte, versicherte diesen Gelehrten: er werde, nach diesen Erscheinungen, durch Anrühren, gewissen kranken Personen, eben so, wie Herr D. Mesmer, Schmerzen u. dergl. erregen können. Dem Gelehrten war diese Versicherung lächerlich — Von ohngefähr kam er gegen Abend in ein Haus, wo eine angesehene Person, wie sonst, so die vergangene Nacht an Gliederschmerzen viel erlitten hatte. Er fragte: ob sie itzo noch Schmerzen habe? Und da sie es verneinte, faßte er sie, unter dem Vorwande, ihren Puls zu fühlen, mit beyden Händen an. Zu seinem Erstaunen klagte die Person sogleich über Schmerzen, und meynte, er habe etwas in Händen, wodurch er ihr diese Schmerzen errege. Er ließ sie los; und sie versicherte, nun höre auch der Schmerz auf. Er versuchte dieses noch dreymal. Jedesmal kamen aufs Anrühren Schmerzen, und hörten beym Ablassen wieder auf. Ja die kranke Person versicherte, solche besondere Schmerzen empfunden zu haben, dergleichen sie noch nie gehabt. Dieser Gelehrte hat es seit dem mit dieser Person noch etlichemal mit gleichem Erfolge versuchet. Ja er hat bey einer zwoten Person, deren Finger stark geschwollen, und zu Zeiten sehr schmerzhaft waren, gleichen Versuch mit gleichem Erfolge gemacht.

Da haben wir es, wird mancher denken und sagen — Nun auch so gar — Und was habe ich dann gethan? Ich habe ja blos eine Thatsache erzählet.

Erklä-

Erklärung der Kupfertafeln.

Erste Tafel.

Fig. I. Der Electricitätträger, wie beyde Scheiben auf einander stehen, und durch Berührung mit dem Finger electrisch gemacht werden.
    a. a. die untere Scheibe, mit Peche übergossen.
    b. die obere Scheibe.
    c. c. die durchbohrten Löcher.
    d. d. die seidenen Schnüre.
    e. der Knopf der seidenen Schnüre.

Fig. II. Der Electricitätträger, wie die obere Scheibe von der untern abgehoben ist; und jene mit dem Finger entladen wird.
    a. die untere Scheibe auf den seidenen Schnüren des Untersatzes.
    b. b. die obere Scheibe, von der untern Scheibe abgehoben.
    c. c. die durchbohrten Löcher.
    d. d. die seidenen Schnüre.
    e. der Knopf, wie er mit der Hand gehalten wird.

Fig. III. Der Gueridon, wie die Hand auf dessen Krücke ruhet.
    a. a. der Gueridon.
    b. die Krücke.

Fig. IV. Der Untersatz des Electricitätträgers.
    a. a. der hölzerne Ring.
    b. b. die Füsse.
    c. c. die Aufsätze zu den seidenen Schnüren.

Zwote Tafel.

Fig. I. Das Hauptgestelle.
- a. a. der Boden.
- b. b. die zwo Säulen.
- c. das obere Queerstücke.
- d. das mittlere Queerstücke.
- e. die 8 Arme.
- f. die Queerhölzer.
- g. der Electricitätträger mit seinem Untersatze.
- h. die beyden Arme an den Ecken des Bodens.

Fig. II. Der Arm am Ende des Bodens, mit dem Glöckgen.
- a. der Arm.
- b. der Einschnitt, wo die Schnur eingeklemmet ist.
- c. das Glöckgen.
- d. der Knopf.

Fig. III. Der Electricitätträger, wie er auf dem Hauptgestelle stehet.

Fig. IV. Das Directorium magneticum.

Nachtrag.

Eben da ich diese Blätter aus der Presse erhalte, komme ich von folgendem Versuche zurücke, den ich noch zu melden nicht umhin kann.

Wenn das Directorium magneticum auf den Electricitätträger gesetzet, und hierauf die electrische Maschine, nach der Verbindung mit demselben, in Bewegung gebracht, folglich beyde Scheiben electrisch werden, so wird die Magnetnadel nicht nur ihren Neigungspunkt verlassen und nach und nach in die Höhe gehen, sondern auch von Norden gegen Osten also abweichen, daß sie zuletzt und zwar die Lilie in Osten, die Magnetnadel selbst aber wag- und wasserrecht, stehen bleibet. Wird der Electricitätträger entladen, so wird die Lilie wieder von Osten nach Norden zurückgehen, die Magnetnadel selbst aber herabsinken und zuletzt in Norden und ihrem Neigungspunkte stille stehen.

Dieses erfolget auch bey der einfachen electrischen und deren Ladungsmaschine.